Richard East

UNTERWEGS MIT WILLOW

GOLDMANN
Lesen erleben

Das Buch

Sich treiben lassen, dorthin fahren, wo man will, unter dem freien Sternenhimmel einschlafen und von den ersten Sonnenstrahlen geweckt werden – immer mehr Menschen hegen den Wunsch, sich frei und ungebunden durchs Leben zu bewegen. Temporär oder permanent, sie wollen andere Wege gehen. Unter dem Hashtag Vanlife hat sich weltweit eine ganze Community versammelt, die sich einem unabhängigen Leben in einem Campervan verschrieben hat. Auch Richard East wollte dem alltäglichen Hamsterrad entfliehen. Obwohl er alles hatte, fühlte er sich verloren und wurde immer unglücklicher. Kurzerhand beschloss er, seinen Besitz wegzugeben, beendete seine Beziehung, kaufte sich einen Minivan und fuhr einfach los. An seiner Seite: seine geliebte schwarze Streunerkatze Willow. Eigenwillig und abenteuerlustig begleitet sie Richard auf seinem Roadtrip und hilft ihm, das Leben besser zu verstehen. Zusammen erkunden sie das Outback von Australien und genießen die kleinen Dinge des Lebens, wie lange Spaziergänge am Strand, die Ruhe der australischen Savanne oder traumhafte Sonnenuntergänge auf dem Dach ihres Vans.

Der Autor

Richard East war ein IT-Experte mit einer vielversprechenden Karriere. Seit Mai 2015 nennt er die Straße sein Zuhause und ist hauptberuflich mit seiner Katze Willow in seinem Campervan unterwegs. Er teilt ihre Abenteuer über seinen Instagram-Account @vancatmeow mit mehr als 100.000 Followern.

Richard East

UNTERWEGS MIT WILLOW

Wie der Roadtrip mit einer kleinen Streunerkatze mein Leben rettete

Übersetzt von Vera Tan

GOLDMANN

Für alle,
die je die Liebe einer Katze erfahren haben.

Vor mir liegt die australische Savanne. Struppige Eukalyptus- und Affenbrotbäume erinnern mich daran, wie weit ich von meinem Zuhause in Tasmanien entfernt bin. Heute bin ich 300 Kilometer auf holprigen Lehmstraßen durch das Outback gefahren. Ganz alleine – nur eine kleine schwarze Abenteuerkatze namens Willow begleitet mich.

Keine Zeitlimits. Keine Sorgen.

Oft sind wir vollkommen abgeschnitten vom Rest der Welt, aber in unserem Campervan haben wir alles, was wir brauchen. Ein Dach über dem Kopf, ein Abendessen auf dem Gasbrenner und einander.

Die Schotterpisten voller Schlaglöcher und Furchen, die unseren Van den ganzen Tag lang herausgefordert haben, werden ihn auch morgen wieder auf die Probe stellen. Aber jetzt, in diesem Moment, kann ich einfach hier sitzen und zusehen, wie sich das Licht verändert. Der Wind legt sich, und die Landschaft kommt zur Ruhe – genau wie ich.

Willow streicht mir um die Beine und springt dann auf meinen Schoß. Sie lässt mich immer wissen, wann sie meine Aufmerksamkeit braucht. Ich kraule sie hinter den Ohren, und sie schnurrt.

Hätten Sie mich mit zehn Jahren gefragt, was ich wohl in zwanzig Jahren tun werde, wäre meine Antwort gewesen: »Genau das, was ich jetzt mache.« Abenteuer erleben und Neues entdecken. Das sind Dinge, die wir aus den Augen verlieren, wenn wir älter werden. Aber jetzt fühle ich mich, als wäre ich endlich wieder auf dem richtigen Weg. Vor zwei Jahren wäre mir das alles noch wie ein absurder, unrealistischer Traum vorgekommen.

Die tiefstehende Sonne hat den Himmel und alles darunter in ein orangefarbenes Licht getaucht. In der Stille überkommt mich plötzlich das Gefühl, dass alles gut wird.

So habe ich mich nicht immer gefühlt. Zu Beginn unseres Abenteuers fand ich es schwierig, meiner Zufriedenheit oder meinem Glück – oder wie man es auch nennen möchte – zu trauen. Denn Gefühle wie diese waren mir fremd geworden.

Vor diesem Campervan – und vor diesem Leben – hatte ich einen anderen Van – und ein sehr anderes Leben. Meinen Van nutzte ich damals nur, um am Wochenende wegzukommen und mit meiner Freundin Gabrielle die tasmanische Wildnis zu erkunden.

Unsere Wochenendtrips erinnerten mich an meine Kindheit. Damals machte meine Familie oft Campingurlaub an der Ostküste Tasmaniens. Das waren unbeschwerte Tage, an denen wir unsere Zeit hauptsächlich damit verbrachten, im kalten, klaren Wasser zu schwimmen oder wie wild durch den Busch zu rennen, um Wallabyspuren zu verfolgen. Wenn ich an meine Kindheit zurückdenke, würde ich mich zwar nicht unbedingt als besonders abenteuerlustig beschreiben. Aber ich glaube, ein Teil von mir musste schon immer in der Natur sein.

Ich erinnere mich, wie ich mit ungefähr fünfzehn Jahren auf einem alten, ramponierten Brett das Windsurfen lernte. Ich machte damit die ganze Bucht unsicher. Vom Wasser aus sahen die Menschen am Strand wie winzige Figuren aus. Weit im Inneren der Bucht, neben einer kleinen Insel, holte ich mein Segel ein und ließ mich ins Meer fallen. Mein Segel hielt mich über Wasser, und ich konnte mich treiben lassen. Meistens sah ich einfach nur den vorbeiziehenden Wolken zu. Wenn ich Glück hatte, konnte ich auch mal den ein oder anderen Seehund auf einer Felsklippe erspähen. Aber an einem Nachmittag merkte ich plötzlich, dass ich von Flossen umgeben war. Eine Delfinschule huschte unter meinem Brett hin und her. Dann tauchten die Delfine in der Ferne an die Wasseroberfläche und schwammen wieder zurück zu mir. Es war, als wollten sie mir sagen: »Komm doch mit! Wir möchten dir unsere Welt zeigen!«

Aber ich konnte nicht mit ihnen mithalten.

Wenn Gabrielle und ich Wochenendausflüge in unserem Van machten, konnte ich meinen Arbeitsstress vergessen. Auch die abbröckelnde Farbe an unserem Holzhaus oder das Unkraut im Garten machten mir keine Sorgen mehr. Aber es gab etwas, das mich nicht losließ. Nämlich, dass wir unsere Katzen allein lassen mussten.

Wissen Sie, ich bin ein echter Katzenfan. Ich glaube, ich habe das von meinen Großeltern. Sie liebten Katzen. Und das schien sich unter den Streunern der Nachbarschaft auch schnell herumzusprechen. Immer wieder standen neue Straßenkatzen vor der Tür, um sich von meinen Großeltern füttern und aufpäppeln zu lassen. Die meisten dieser Miezen hatten bei meinen Großeltern nun endlich ein liebevolles Zuhause gefunden.

Von allen Katzen meiner Großmutter war Midas mein Liebling. Den Namen hatte er seinem goldenen Fell zu verdanken. Midas hatte ein lahmes Bein, das er gerne vom Fernseher baumeln ließ, wenn er es sich darauf bequem gemacht hatte. Natürlich versperrte er uns damit regelmäßig die Sicht. Ich habe immer noch das Fotoalbum meiner Großmutter mit Bildern von all den Katzen, um die sie sich gekümmert hat. Auf der letzten Seite ist ein Schnappschuss von mir und unserem mächtigen Midas.

Jahre später war es dann an der Zeit für meine eigene Katze. In einem Tierheim fand ich einen kleinen, schüchternen rot-weißen Kater namens Ty. Man versicherte mir, er sei eine Kurzhaarkatze. Doch zwei Wochen nachdem ich ihn mit nach Hause genommen hatte, bauschte er in eine riesige, flauschige Fellkugel auf. Er hatte wohl, kurz bevor ich ihn abholte, noch einen Haarschnitt bekommen.

Als ich eines Vormittags damit beschäftigt war, mein Haus zu streichen, und gerade eine Mittagspause einlegen wollte, kam Ty in die Küche hereinspaziert. Seine Schnauze war voller blauer Farbkleckse. Ich versuchte, sie abzuwischen, aber die Farbe breitete sich nur noch weiter aus. Das war vielleicht das erste und letzte Mal, dass jemand »Kann ich meine Katze mit Mineralterpentin reinigen?« gegoogelt hat.

Ty jedenfalls trug mehrere Wochen lang ganz stolz einen blauen Schnurrbart.

Als Gabrielle und ich zusammenkamen, entschieden wir uns bald, noch eine Katze aufzunehmen. Sie hatte ein schwarzes Fell mit einem winzigen weißen Fleck auf der Brust und einen lebhaften Charakter. Gabrielle gab ihr den Namen Willow.

Anfangs schien sich Ty noch zu freuen, eine kleine Schwester zu haben. Aber Willow, die weitaus weniger von ihrem neuen Bruder begeistert war, fauchte ihn an. Nach einigem Gezanke war aber schnell klar, dass Willow die Herrschaft über das Haus hatte. Wenig später saßen unsere zwei Kätzchen friedlich vor dem Feuer und putzten sich gegenseitig das Fell.

Wenn Willow herumstolziert, kräuselt sich ihr Schwanz zu einem Fragezeichen. Sie ist eben eine Katze, die immer ganz genau wissen will, was vor sich geht. Wenn es klingelte, rannte sie sofort zur Tür, um zu sehen, wer es war. Willow hatte von Natur aus gute Manieren. Wenn ich ihr ihren Napf hinstellte, sah sie immer zuerst zu mir hoch und wartete, bis ich sie tätschelte. Erst dann fing sie an zu fressen. Willow kann auch sehr zärtlich sein. Damals machte sie es sich jeden Abend auf unserem Schoß gemütlich, kuschelte mit uns und stupste liebevoll unsere Nasen an.

Wie Ihnen jeder Tierliebhaber bestätigen wird, sind Haustiere weit mehr als nur Tiere. Sie sind ein Teil unseres Lebens. Sie spenden uns Trost. Sie sind unsere besten Freunde. Unsere Familie. Sie warten jeden Abend auf uns, wenn wir nach Hause kommen.

2012 kam Ty nicht zurück nach Hause. Ty und Willow waren beide Freigängerkatzen, aber wenn es dunkel wurde, kamen sie immer zurück. Auch Tage später war Ty nicht wiederaufgetaucht. Dann bekam ich einen Anruf von meinem Vater. Er hatte Ty ein paar Straßen weiter leblos in einem Graben gefunden. Wäre Ty so gewieft gewesen, wie er flauschig war, wären die Dinge vielleicht anders gelaufen. Wir begruben ihn neben dem Fischteich.

Es ist wichtig zu trauern. Die Leere, die Haustiere in einem hinterlassen, ist erheblich. Für mich brachte die Trauer um Ty schmerzliche Erinnerungen an meine Kindheit zurück, als wir eine Familienkatze verloren hatten. Und mir wurde klar, dass auch etwas anderes nicht stimmte. Ich hatte diesen Schmerz in meiner Brust. Unsere Wochenendausflüge im Van linderten ihn zwar für ein, zwei Tage, doch dann kam er wieder.

Ich nenne es einen »Schmerz in meiner Brust«, weil mir das leichter über die Lippen geht als »chronische Angst« oder »lähmende Depression«.

Doch welchen Grund zur Traurigkeit hatte ich eigentlich? Abgesehen von Ty? Was machte mir solche Sorgen? Schließlich hatte ich doch alles, was man sich nur wünschen konnte. Ein eigenes Zuhause, einen festen Arbeitsplatz, Freunde, eine Beziehung. Ich musste nie in Armut leben, hatte stets genug zu essen und anzuziehen. Ich hatte eine Ausbildung. Einen Job. Eine Hypothek. Einen Grill und eine Wäscheleine im Garten. Einen weißen Lattenzaun um mein Haus herum. Allem Anschein nach lebte ich den »australischen Traum«. Und ich war noch nicht einmal dreißig. Aber die Schuld und die Frustration darüber, dass ich für nichts, was ich hatte, dankbar sein konnte, ging mir ans Mark.

Dieses ständige Gefühl der Unzufriedenheit hing über mir wie eine schwarze Wolke. Wie eine Art Liebeskummer … nur ohne wirklichen Verlust. In manchen Nächten versuchte ich, still genug dazuliegen, um meinen Herzschlag zu beruhigen. Still genug, um im Boden zu versinken.

»Du kannst sein, was immer du willst, solange du nur glücklich bist«, hatte mir meine Mutter versichert.

Verdammt. Sogar das hatte ich vermasselt.

»In früheren Zeiten
wurden Katzen als Götter verehrt;
das haben sie nicht vergessen.«

TERRY PRATCHETT

Wenn Gabrielle und ich in unserem Van loszogen, fühlte sich mein Leben weniger kaputt an. Wir ließen kaum einen Ort in Tasmanien unentdeckt. Wir besuchten kleine Städte, uralte Wälder, schroffe Küsten und verlassene Strände. Im Sommer machten wir am Nachmittag alle Türen auf, um durchzulüften. Wenn es stürmte, fanden wir im Van Unterschlupf. Wir hatten alle Vorteile von draußen und alle Bequemlichkeiten von drinnen.

Für ein paar Tage hatten wir ein glückliches Zuhause auf Rädern.

TRANSPORTER

Doch nach unseren Wochenendtrips drohte die bevorstehende Arbeitswoche. In meinem Job im IT-Bereich ging es steil bergab. Meine Leistung war unterdurchschnittlich. Und ich wusste es.

Die Schuldgefühle meinem Team gegenüber machten mir schwer zu schaffen. Ich konnte niemandem von meinen Problemen erzählen, weil ich Angst vor den Konsequenzen hatte. Im Nachhinein bin ich mir sicher, dass mein Chef Verständnis gezeigt hätte. Aber ich biss einfach nur die Zähne zusammen und hielt durch. Allein. Der tägliche Stress, die endlosen Projekte und die Überstunden machten mich fertig. Ich hatte Spannungskopfschmerzen und musste immer wieder mehrere Tage am Stück zu Hause bleiben. Bald gingen mir die Ausreden aus. Ich beneidete die Katzen – denn zu Existenzängsten sind sie gar nicht erst fähig.

Meine Motivation war auf ein Rekordtief gesunken. Ich konnte nicht schlafen. Nicht abschalten. Ich war immer in Bereitschaft. Ich musste zu jeder Zeit – Tag und Nacht – damit rechnen, in die Arbeit gerufen zu werden. Ich konnte mich zwar erfolgreich vor einer Beförderung drücken. Aber in meinem Job bedeutete das auch, dass ich jemand anderem die Aufstiegschancen vermasselte, weil ich mich nicht selbst weiter hocharbeitete. Also täuschte ich das Interesse an meiner Karriereentwicklung vor. Aber in Wirklichkeit wollte ich einfach nur in meinem Job verharren. Ich bewundere jeden, der sich in einem solchen Arbeitsklima entfalten kann. Ich konnte es nicht.

Meine Tagträume kreisten um Lottogewinne, einsame Inseln und Fünf-Sterne-Baumhäuser im Wald. Ich konnte nicht aufhören, davon zu träumen, meinen Job zu kündigen, aber ich war nicht mutig genug, es wirklich zu tun.

Langsam dämmerte mir, dass ich ein Sklave meiner Hypothek war. Wenn ich noch zwanzig Jahre durchhalte, kann ich in Rente gehen, dachte ich. Es waren traurige Aussichten. Wer hatte uns diesen australischen Traum überhaupt angedreht? Alles Augenwischerei. Alles Betrug.

Ich musste weg. Wenigstens hatte ich noch unsere Wochenendausflüge. Ich konnte mit Gabrielle einfach in meinen Van steigen und all meine Sorgen hinter mir lassen. An einem Wochenende waren wir entlang der Apfelgärten von Huon Valley bis in die Southern Forests gefahren. Scheinbar nie endende Forststraßen bahnten sich an Bächen und versteckten Campingplätzen vorbei. Ein schöner Fleck Erde, um eine Nacht unter dem Blätterdach der riesigen Bäume zu verbringen und die Sterne zu beobachten.

Wir fuhren gerade eine Böschung hinunter, neben der scheinbar erst vor Kurzem abgeholzt wurde. Es war ein Schauplatz bloßer Zerstörung. Und dann blieb unser Van einfach stehen. Keine Explosion. Kein lauter Knall. Nur eine beklemmende Stille, als wir zum Stehen kamen.

Die nächste Stadt war 40 Kilometer entfernt, und wir hatten keinen Handyempfang. Wir waren in Schwierigkeiten.

Ich stieg aus dem Van, öffnete die Motorhaube und starrte gedankenverloren ins Nichts. Wenn Existenzangst ein Kuchen wäre, war das das Sahnehäubchen.

Ich biss die Zähne zusammen. Fünf lange Minuten verstrichen.

Dann hörte ich auf der anderen Seite des Tals das leise Surren eines Motors. Es war ein Holzlaster, der den Hügel heruntergeknattert kam. Wir winkten wild mit den Armen, um uns beim Fahrer bemerkbar zu machen. Wir hatten riesiges Glück, dass unser Schutzengel im Baumwollflanell auch an Samstagen arbeitete.

Er fuhr uns zurück in die Zivilisation, von wo aus wir den Abschleppdienst rufen konnten. Die Reparatur kostete mich ein kleines Vermögen, und am Ende musste ich den Van verkaufen.

Und so waren unsere Wochenendausflüge zu einem abrupten Ende gekommen.

Was machte ich eigentlich mit meinem Leben?

Ich dachte, ich hätte alles richtig gemacht. Ich hatte eine Freundin. Ein Haus voller Möbel. Eine Karriere. Aber innen war ich vollkommen leer. Ich schleppte mich in die einzige Richtung durchs Leben, die ich kannte. Es kam mir alles nur wie ein sinnloses Spiel vor.

Wenn ich in den Garten ging, konnte ich nur noch das Unkraut sehen. Das Haus sah aus, als würde es gleich einstürzen. Alles war verrottet.

Eines Abends im Frühjahr 2014 wollte Gabrielle wissen, was mit mir los war. Ich brach in Tränen aus. Wir wollten unterschiedliche Dinge. Wir hatten beide unsere eigenen Probleme. Und die Summe davon war katastrophal.

In diesem Moment wurde mir bewusst, dass unsere Beziehung wie mein alter Van war. Wir waren an den Punkt gelangt, an dem es keinen Sinn mehr hat weiterzukämpfen. Es war Zeit aufzugeben.

»Wenn eine schwarze Katze deinen Weg kreuzt,
bedeutet das Folgendes:
Das Tier geht vermutlich irgendwo hin.«

GROUCHO MARX

Gabrielle kam vorbei, um den Rest ihrer Sachen abzuholen. Wir standen in der Küche, und Willow machte sich zwischen uns auf dem Boden breit.

»Ich weiß nicht, ob ich mich um Willow kümmern kann. Kannst du sie nehmen?«, fragte Gabrielle.

Und dann, ohne die geringste Ahnung zu haben, wie meine Zukunft aussehen würde, sagte ich zu.

Das war also der neue Stand der Dinge.

Karriere am Ende.

Seit Kurzem wieder Single.

Allein in einem vorstädtischen Familienhaus auf einem 1000 Quadratmeter großen Grundstück – unweit von Annehmlichkeiten und mit Bergblick. Ich hatte Heimweh in meinem eigenen Zuhause.

Ich wollte alles loswerden, was mich nicht glücklich machte, und herausfinden, wer ich wirklich war. Ich wollte meine Möbel entsorgen. Meine Klamotten wegwerfen. Und den Garten verkaufen, der mir keine Freude mehr bereitete.

Ich wollte mein ganzes Leben in Stücke reißen und die Fetzen in den Müll werfen, damit am Ende nur noch Liebe und Optimismus übrig sind.

Ich wollte nachts unter den Sternen stehen und »Wer bin ich?« in den Himmel schreien.

Jemand anderes konnte meinen Job haben. Jemand anderes konnte mein Haus haben. Jemand anderes konnte all meine Sachen haben.

Ich ging in jedem Zimmer auf und ab und dachte über die Ereignisse der vergangenen Monate nach. Willow machte es sich währenddessen unter einer Decke auf dem Sofa gemütlich. Ihr Blick folgte mir jedes Mal, wenn ich am Flur vorbeikam.

In diesem Moment traf ich eine Entscheidung. Ich würde mir Hilfe holen. Das war ich meinen Freunden und meiner Familie schuldig. Aber am meisten war ich es mir selbst schuldig. Und Willow.

Ich ging zu meinem Hausarzt, der mich an Experten überwies. Die Ärzte erklärten mir, dass ich unter einer leichten Existenzkrise litt. Sie beruhigten mich und verglichen meine Beschwerden mit dem Gefühl, das einen Fußballfan überkommt, dessen Team gerade ein wichtiges Spiel verloren hat. Das machte alles verständlicher.

Die Therapie half mir zu verstehen, was es bedeutet, zufrieden zu sein, und wie ich meine innere Stimme verändern kann. Es war nicht leicht. Aber schon bald war die Stimme, die so viele Jahre gegen mich war, endlich auf meiner Seite. Diese Stimme, dieser innere Dialog wurde zu meiner Quelle der Rationalität. Ich war nun bereit, meine Probleme zu erkennen. Ich fand neuen Mut, wenn die Dinge nicht so gut liefen, und ich begann, alles mit neuen Augen zu sehen.

Marco Polo
Willow

Nach einer Weile ließen meine Selbstzweifel nach. Meine Depression machte Platz für neuen Optimismus, und meine Angstzustände wurden zu einer gesunden Vorfreude auf die Zukunft. Zum ersten Mal in meinem Leben spürte ich eine echte Verbundenheit mit meinen Mitmenschen. Die Zeiten der emotionalen Isolation waren vorbei.

Nachdem sich mein seelisches Wohlbefinden verbessert hatte, nahm ich an, dass auch meine Motivation wiederkehren würde. Ich war bereit, meine Karriere wieder in Gang zu bringen und mich ganz auf meinen Beruf zu konzentrieren. In ein paar Jahren könnte ich ja dann vielleicht Sonderurlaub beantragen, um die Welt zu bereisen.

Doch was passierte, war das exakte Gegenteil. Ich verlor jegliches Interesse an meinem Job.

Doch zum ersten Mal fühlte ich mich, als hätte ich eine Wahl.

Ich hatte jetzt fast alle Teile des Puzzles beisammen. Ich musste sie nur noch richtig zusammensetzen. Das letzte Puzzleteil fand ich, als ich einen Artikel las.

Wenn wir vor einer Wahl stehen, so der Artikel, trifft unser Unterbewusstsein, schon lange bevor wir uns dessen überhaupt bewusst sind, eine Entscheidung. In puncto bedeutende Lebensentscheidungen ist unser Bewusstsein also offensichtlich überbewertet. Wir verschwenden lediglich Energie, wenn wir die Dinge bis aufs Kleinste analysieren und uns unnötig Sorgen machen.

Also warf ich alle Logik über Bord und ließ mich von meiner Intuition leiten. Ich wollte mein Herz sprechen lassen.

Und was mein Herz wollte, war Folgendes: meinen überflüssigen Kram verkaufen, ein paar Dinge, die mich glücklich machen, in einen Campervan packen und auf unbegrenzte Zeit durch Australien kurven. Ich wollte nicht reisen, um vor der Realität zu flüchten. Ich wollte, dass Reisen meine Realität ist.

Okay, dachte ich, das klingt ja alles ganz nett. Hübscher Traum. Aber wie soll ich mir das leisten können? Ich musste mir etwas einfallen lassen.

Schließlich kann man Vans nicht mit Träumen volltanken.

Ich machte mich daran, mein Budget zu planen. Mein Vorhaben war nicht nur ein Urlaub, den man mal eben so plant, es war ein komplett neuer Lebensentwurf. Auf die Kosten, die mit einem Leben in der Stadt einhergehen, konnte ich gerne verzichten. Die Abgaben an die Kommune, die Stromrechnungen, die Hypothekenrückzahlungen oder Mietkosten und Reparaturkosten am Haus. Natürlich musste ich mit einigen Kosten für den Van rechnen: Benzin, mobiles Internet, Instandhaltung und Versicherung. Dinge wie Kleidung, Nahrung und Unterhaltung würde ich einschränken.

»Ich brauche keinen Luxus«, dachte ich. »Ich werde einen Traum leben, der besser ist als jeder Luxus.«

Ich rechnete aus, wie viel es kosten würde, einen Campervan startklar zu machen, und wie viel ich am Verkauf meines Hauses verdienen würde, wenn ich mein Eigenkapital anlegte.

Ich rechnete alles zusammen. Es sah nicht gut aus. Ich dachte einen Moment lang nach. Ich würde trotzdem noch arbeiten müssen.

Ich rechnete noch ein bisschen weiter. Wenn ich nur drei Monate lang bei Mindestlohn arbeiten würde, könnte ich den ganzen Rest des Jahres reisen. Es war ganz einfach. Ich schaffe das, sagte ich mir. Ich kann mir meinen Traum erfüllen.

Ich muss nicht erst zwanzig Jahre warten, bevor ich anfange, mein Leben zu leben.

Es war irgendwie seltsam, eine Entscheidung zu treffen, die so wichtig, aber auch so absurd und lebensverändernd war, ohne überhaupt »bewusst« darüber nachzudenken. Aber ich ließ es einfach zu. Und es fühlte sich richtig an.

Ich bot mein Haus zum Verkauf an und sortierte meine Sachen aus. Die Entscheidung, etwas wegzuwerfen, fiel mir erstaunlich leicht.

Wenn etwas in meinem neuen Leben nützlich sein könnte oder es mich glücklicher machte, behielt ich es. Wenn nicht, wurde es verkauft, gespendet oder weggeworfen. Meine Gitarre, Holzbearbeitungswerkzeuge und Brettspiele waren mit dabei. Billiger Schmuck, Teilnehmerurkunden aus der fünften Klasse und Küchenutensilien nicht. Alle Andenken, die ich behalten wollte, mussten in eine kleine Holzkiste passen. Das half mir, rabiat und objektiv zu bleiben. Wenn mich irgendetwas zum Zögern brachte, machte ich ein Foto davon und sortierte es dann aus.

Als Probelauf stellte ich mir ein paar Behälter hin, die genauso viel Stauraum boten wie ein Campervan, und begann, aus ihnen zu leben. Ich hatte zwei Kisten für Küchenutensilien und Lebensmittel. Eine kleine Kiste für Toilettenartikel. Zwei Kisten für Kleidung. Ein paar Kisten für Werkzeug.

Als ich mich nach und nach von mehr Sachen trennte, war ich überrascht, wie wenig ich eigentlich brauchte – oder überhaupt wollte. Ich war zwar nie ein Hamsterer gewesen, aber die Unmenge an Gerümpel, die sich angesammelt hatte, war verblüffend.

Ich erhielt ein Angebot für mein Haus und nahm es an. Jetzt hatte ich eine konkrete Frist, auf die ich hinarbeiten konnte. Es war an der Zeit, den bisher größten Schritt zu tun: meine Kündigung einreichen. Ich war meinen Job zwar leid, aber er gab mir trotzdem ein Gefühl der Sicherheit. Es fühlte sich an, als würde ich extrem viel wegwerfen. Ich musste mich nicht nur von meinem regelmäßigen Einkommen und meinen Kollegen verabschieden, sondern auch von meinem Alltag.

Ich versuchte, nicht nach hinten zu schauen, sondern nur nach vorne. Die zehn Jahre Arbeits- und Lebenserfahrung, die ich in meinem Job angesammelt hatte, waren bestimmt auch für mein neues Leben nützlich.

Im November 2014 reichte ich meine Kündigung ein. Als ich danach zurück in mein Büro ging, war ich regelrecht euphorisch. Ich wusste, dass ich die richtige Entscheidung getroffen hatte.

Aber es gab noch ein letztes Problem. Wenn ich mit meinem Campervan dem Sonnenuntergang entgegenfahren wollte, musste ich zuerst noch herausfinden, was ich mit dieser kleinen schwarzen Katze namens Willow machen würde. Ich hatte keine Ahnung, wer auf sie aufpassen könnte. Ich wusste ja nicht einmal, wie lange ich überhaupt weg sein würde. Ich konnte sie nicht einfach zurück ins Heim bringen wie ein gelesenes Buch, das man zurück in die Bücherei bringt.

Die Antwort lag auf der Hand, mein Herz sagte es mir. Willow war jeden Tag für mich da. Jede Nacht schlief sie neben mir ein. Ich war es ihr schuldig, das zu tun, was für sie am besten war.

Also beschloss ich, sie mit mir zu nehmen.

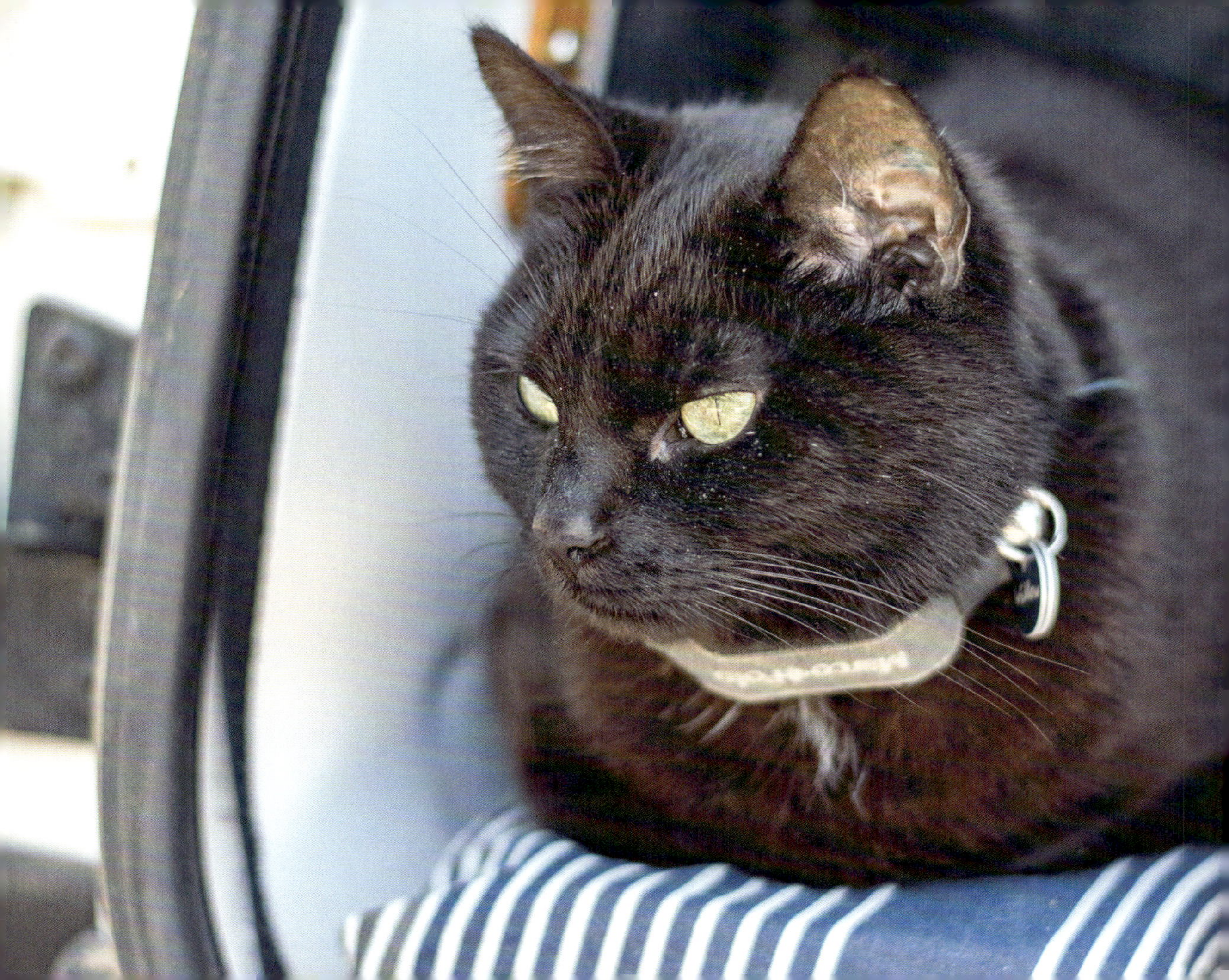

Innerhalb einer Woche erhielt ich die Anzahlung für mein Haus, hatte meinen letzten Arbeitstag und kaufte einen neuen Van.

Dann machte ich mich an die Arbeit, um den neuen Wagen in ein kleines Haus auf Rädern zu verwandeln. Unser Campervan musste mehr sein als nur ein fahrbarer Untersatz für Wochenendtrips. Er war eine der wichtigsten Voraussetzungen für unseren zukünftigen Lebensstil. Ich war bereit, ein neues Leben anzufangen und meinen Traum zu verwirklichen. Und dazu musste ich in meinem Van einen funktionalen Raum schaffen.

Ich baute eine Küche ein, komplett mit Herd, Spüle und Kühlschrank. Dann machte ich Schränke, Schubladen, Vorhänge und ein Bett. Auf dem Dach befestigte ich Solarmodule, die zusammen mit einem Generator einen Batteriespeicher aufladen. Dieser wiederum betreibt die Beleuchtung, den Kühlschrank, meinen Laptop und die Stereoanlage. Dann isolierte ich den Van. Er sollte bei kaltem Wetter schön warm bleiben und unter der brennenden nördlichen Sonne zumindest noch tolerierbare Innentemperaturen bieten. Aber ich hatte auch an einen Lufteinlass und einen Ventilator gedacht, damit wir nie zu sehr ins Schwitzen kommen würden.

Immer wenn ich am Van herumschraubte, leistete mir Willow Gesellschaft. Sie konnte es kaum erwarten, ihre neuesten Versteckplätze darin auszuprobieren. Unser Traum von einem Zuhause auf vier Rädern nahm mehr und mehr Gestalt an.

Nach etwa einem Monat hatte ich den Van so weit umgebaut, dass wir darin schlafen konnten. Willow hatte sich mittlerweile an das neue Fahrzeug gewöhnt, und wenn die Schiebetür zu war, wollte sie sofort hereingelassen werden. Ein gutes Zeichen.

An den Wochenenden chauffierte ich Willow an der Küste entlang, um zu testen, ob alles, woran ich die ganze Woche lang gearbeitet hatte, auch wirklich funktionierte. Das erste Mal zögerte ich noch, Willow aussteigen zu lassen. Ich wusste zwar, dass sie verstand, dass der Campervan jetzt unser neues Zuhause war. Aber ich wusste nicht, was passieren würde, wenn ich sie in einer neuen Umgebung frei herumlaufen ließe. Zu meiner Überraschung und Erleichterung war es absolut kein Problem.

Willows freudig strahlende Augen, wenn sie einen fremden Ort erkunden durfte, brachten mein Herz fast zum Schmelzen. Auch wenn sie nie weit weglief und nie in Gefahr war, ließ ich sie nicht aus den Augen. Schon bald fand Willow heraus, dass sie über die Heckleiter aufs Dach klettern konnte. Dort oben verbrachte sie jetzt einen Großteil ihrer Zeit. Vor allem damit, unter dem Solarmodul ein Nickerchen zu machen. Wenn sie dann genug vom Dach hatte, fuhr sie ihre Krallen aus und rutschte über die Windschutzscheibe herunter, was ein markerschütterndes Quietschen zur Folge hatte.

Der Van war nun endlich fertig. Es war einfach das beste Gefühl, mich zurückzulehnen und sagen zu können: »Den habe ich gebaut!«

Wenn Sie denken, ich hatte einen Plan, dann irren Sie sich. Aber ich hatte alles, was ich brauchte. Nahrungsmittel. Eine Unterkunft. Und meine kleine schwarze Abenteuerkatze.

Wohin ich fahren würde, war eigentlich gar nicht von Bedeutung. Für mein altes Ich wäre das eine beunruhigende Vorstellung gewesen.

Als ich so darüber nachdachte, fiel mir etwas ein, das der Philosoph Alan Watts einmal gesagt hatte. Nämlich, dass das Leben keine Reise oder Wallfahrt ist, sondern vielmehr eine Kunst, wie ein Tanz oder ein schönes Musikstück. Wir versuchen immer, diesen einen Schritt in unserem Leben weiterzukommen. Wir hoffen, dass wir dann endlich auf Erfolg stoßen oder dass unsere Träume in Erfüllung gehen. Aber wir vergessen dabei eine Sache: nämlich im Heute zu leben.

Das ist etwas, das Willow schon immer getan hat. Und von ihr konnte ich lernen, wie es geht.

Willow war bei mir, als ich mein Leben komplett umkrempelte. Sie an meiner Seite zu haben, half mir enorm.

Und kann man besser im Heute leben, als den Tag mit seinem besten Freund zu verbringen? Vor Jahren hatte ich Willow aus dem Tierheim gerettet. Jetzt hatte sie mich gerettet.

SPIRIT OF TASMANIA

Im Mai 2015, nachdem wir uns von Familie und Freunden verabschiedet hatten, kletterten Willow und ich am Hafen von Devonport an Bord einer Fähre, die uns von unserer Heimatinsel Tasmanien zu unserer Heimatinsel im weiteren Sinne, dem australischen Festland, bringen würde. Wir hatten es geschafft. Alles, wofür ich die letzten Monate gearbeitet hatte, machte sich jetzt bezahlt. Ich sah zu, wie der Hafen immer kleiner wurde, bis er schließlich ganz verschwand. Egal, was jetzt geschehen würde, es konnte mir nichts mehr anhaben.

»Tief in unserem Inneren
sind wir alle von denselben Trieben motiviert.
Katzen haben den Mut,
nach ihnen zu leben.«

JIM DAVIS

Auf unserer Reise durch Victoria waren die Nächte bitterkalt. Am Flussufer des Murray River campten wir unter riesigen Gummibäumen. Wir kamen an Hausbooten vorbei, die am anderen Ufer vertäut waren, und an Fischern, die es auf den begehrten Murray-Kabeljau abgesehen hatten.

Bevor wir losgefahren waren, hatte ich einen Peilsender für Willow besorgt, den ich an ihrem Halsband befestigt hatte. Mit dem Tracker konnte ich sehen, wie weit und in welcher Richtung Willow gelaufen war. An jedem neuen Ort musste ich dann eine Entscheidung treffen: Willow an der Leine führen oder sie auf Entdeckungstour gehen lassen. Es hing alles davon ab, ob es für Willow und ihre Umwelt unbedenklich war. Die Entscheidung fiel mir nie leicht. Aber wie wir Menschen wollte auch Willow frei sein, sich austoben, spielen und die Gegend erkunden. Also ging ich ab und zu das Risiko ein und ließ sie von der Leine.

An einem Nachmittag, etwa einen Monat nachdem wir unser Abenteuer begonnen hatten, ließ ich Willow allein losziehen. Ich behielt sie im Blick, während ich unser Abendessen kochte. Aber dann war sie plötzlich weg. Ich hatte meine Katze verloren.

Ich machte Willows Peilsender an, konnte aber kein Signal bekommen. Ich ging den ganzen Lagerplatz ab und suchte bis in die Nacht nach Willow.

Aber ich konnte immer noch kein Signal empfangen. Die Temperaturen waren mittlerweile auf den Gefrierpunkt gefallen. Um zwei Uhr morgens gab ich schließlich auf und ging ins Bett. Vielleicht würde mich morgen Früh das vertraute Quietschen ihrer Krallen auf der Frontscheibe aufwecken.

Als ich am nächsten Morgen aufwachte, war mir übel.

Wer nimmt schon seine Katze mit zum Campen? Und das auch noch in Australien! Ich machte mir schreckliche Vorwürfe.

Ich Idiot.

Ich zog mir etwas Warmes an und machte mich wieder auf den Weg, Willow zu finden. Dieses Mal weitete ich meine Suche systematisch aus, bis ich schließlich den Highway überquerte. Ich muss an dem Tag 15 Kilometer gelaufen sein, bevor es dunkel wurde und eine neue, kalte Nacht hereinbrach. Ich ging gerade einen Pfad entlang und sah, wie sich das Mondlicht in den Pfützen widerspiegelte.

Dann hörte ich ein Piepsen. Und noch eins. Der Peilsender begann, in meiner Hand zu leuchten. Ich raste durch den Busch und wischte mir die Spinnweben aus dem Gesicht. Ich konnte meine wirren Gedanken nicht mehr stoppen: Was, wenn ein Yowie Willow gefressen hatte und ich gerade in seinen Bau gelockt wurde?

Dann hörte das Piepsen auf.

Vielleicht hatte ich Willow verscheucht. So oder so, ich hatte das Signal verloren und damit jede Hoffnung darauf, sie in dieser Nacht in meinen Armen zu halten.

Ich ging zurück zum Van, wo die Innentemperatur auf 4 Grad Celsius gesunken war. Ich ließ trotzdem die ganze Nacht die Tür offen. Doch Willow kam auch in dieser Nacht nicht zurück.

Am nächsten Morgen fasste ich einen Plan. Ich dachte, dass Willow die Straße überquert haben musste, als es noch ruhig war. Als sie wieder zurückwollte, war wahrscheinlich zu viel Verkehr, und sie hatte Angst bekommen. Also fuhr ich mit dem Van an die Stelle, wo ich zuletzt ein Signal von ihrem Peilsender empfangen hatte. Es war meine letzte Chance, denn der Akku des Trackers neigte sich langsam dem Ende zu.

Katzen lassen sich nicht leicht beeinflussen. Und man kann sie auch nicht einfach irgendwo hinsetzen, platzieren oder positionieren und erwarten, dass sie an Ort und Stelle bleiben. Nur ein Dummkopf würde versuchen, den Willen einer Katze zu ändern.

So etwas wie entlaufene Katzen gibt es ja eigentlich gar nicht. Nur Katzen, deren Vorstellungen darüber, wo sie gerade sein wollen, sich von denen ihrer Besitzer unterscheiden. Katzen sind nun mal voller Temperament.

Trotzdem war ich mir sicher, dass Willow höchstwahrscheinlich den ganzen Tag damit verbringen würde zu schlafen. Also machte ich mich am Abend wieder auf die Suche. Mit meinem Tracker in der Hand setzte ich einen Schritt vor den anderen, bis ich mich schließlich auf den Boden hockte, vor Kälte zitterte und wartete.

Dann hörte ich ein Piepsen. Und noch eins! Ich versuchte, ruhig zu bleiben und nicht sofort auf Willow zuzulaufen.

»Willow, Willow«, rief ich sanft.

Das rote Licht am Tracker wurde orange. Sie kam näher.

»Willow.«

Das Licht war jetzt grün. Ich suchte im Schein meiner Taschenlampe den Pfad ab. Plötzlich funkelten mir zwei Augen entgegen. Ich zitterte, als Willow ganz entspannt auf mich zuspazierte, sich vor mir auf den Boden setzte und ihren Schwanz um mein Bein wickelte.

Mit Tränen in den Augen hob ich meine Katze auf und drückte sie ganz fest an mich.

Eine Sache wurde mir an diesem Tag klar. Willow und ich haben eine enge Bindung. Eine unausgesprochene Vereinbarung, dass sie immer zu mir zurückkommt und ich sie niemals zurücklasse.

STATE BORDER
NEW SOUTH WALES

In den ersten Monaten kamen wir schnell voran. Im Vergleich zu heute zumindest. Vom Murray River fuhren wir hoch nach Canberra und dann in Richtung Osten nach Batemans Bay. Dann die Küste entlang nach Sydney und darauf nach Brisbane.

An den langen Highways konnte ich ab und zu etwas Geld sparen, indem ich Backpackern eine Mitfahrgelegenheit bot. Sie beteiligten sich am Benzingeld und, was noch wichtiger war, halfen mir wach zu bleiben.

Nach 1700 Kilometern auf dem Bruce Highway kamen wir in Cairns an. Nachdem wir uns von einem Backpacker verabschiedeten, mit dem wir gerade unsere Lebensgeschichten ausgetauscht hatten, fuhren wir in Richtung der Docks. Ich wollte das Great Barrier Reef sehen.

Die *SV Watermusic* war ein knapp 15 Meter langes Segelschiff, das sich schnell als eine Art schwimmende Reisegruppe herausstellte.

Rob, der Besitzer, musste mit seinem knallorangen Schlauchboot dreimal hin- und herfahren, um alle Passagiere an Bord zu bringen.

Inklusive einer kleinen Katze.

Katzen auf hoher See sind nichts Neues. Früher nutzten Matrosen gerne Maine-Coon-Katzen als Mäusefänger, weil sie sich mit ihren großen Pfoten auch bei stürmischem Wetter gut am Deck festkrallen konnten. Aber als wir die Segel setzten, machte ich mir trotzdem Sorgen um Willow. Zum Glück hatten wir gutes Wetter, und Willow fand schnell ihre Balance an Bord.

An der Fitzroy Island, rund 30 Kilometer südöstlich von Cairns, legten wir an. Während wir Menschen zwischen Schildkröten schnorchelten, machte sich Willow in der Kajüte auf die Suche nach einem ruhigen Plätzchen für einen kleinen Mittagsschlaf.

Als wir vom Schnorcheln zurückkamen, nutzte ich Willows Tracker, um herauszufinden, in welchem Schränkchen sie eingeschlafen war. Und später, als wir alle zusammen das Abendessen zubereiteten, machte sie es sich natürlich genau dort bequem, wo sie uns am meisten im Weg war.

Vom Deck aus sahen wir noch zu, wie die letzten Sonnenstrahlen hinterm Horizont verschwanden, bevor wir ins Bett gingen.

Als wir am nächsten Morgen aufwachten, stand die schwüle Seeluft still. Das Brummen der sich nähernden Touristenschiffe erinnerte uns daran, dass wir dieses Paradies bald teilen müssten.

Bis zum Abend hatten die anderen Touristen das Riff aber wieder verlassen, und wir konnten ganz ungestört die letzte Nacht genießen.

Als wir 2015 die australische Ostküste rauf- und runterfuhren, trafen wir auf Menschen, die ihr Leben in der Stadt aufgegeben hatten, um ein einfacheres Dasein zu führen. Um vom Land zu leben und frei zu sein. Sie schienen erkannt zu haben, was sie im Leben wirklich brauchten, und hatten ihre Pläne in die Tat umgesetzt. Sie hatten genug gehabt vom ständigen Kaffeetrinken und den ewigen Brunches. Und von den neuen Autos, den teuren Klamotten und all den anderen Statussymbolen.

Mir wurde klar, dass das alles kein allzu großer Verlust war, solange man Zeit mit denjenigen verbringen kann, die einem am wichtigsten sind. Es geht nicht nur darum, sich der Konsumkultur zu entziehen, sondern auch darum, nur das zu nehmen, was man wirklich braucht.

Warum sollten wir unsere Freiheit für die Gier anderer opfern?

Eine gute Art, beim Reisen Geld zu sparen, ist Freiwilligenarbeit. Es gibt zahlreiche Programme, die Reisende und Farmbesitzer zusammenbringen, Familien und Projekte, die Helfer gebrauchen können. Oft bekommt man Kost und Logis im Gegenzug für ein paar Stunden Arbeit am Tag.

In den Glasshouse Mountains in Queensland lernte ich ein Pärchen kennen, bei dem ich dann eine ganze Woche lang blieb, um in ihrem Garten zu arbeiten. Willow genoss die extra Aufmerksamkeit und ihre Entdeckungstouren im Garten. Und für mich war es ein schönes Gefühl, anderen dabei zu helfen, sich ihren Traum zu erfüllen. Als Dankeschön wurden mir köstliche Mahlzeiten gekocht und gute Geschichten erzählt.

Als Willow und ich weiterzogen, waren wir wohlgenährt und zufrieden.

»Die Zeit,
die man mit Katzen verbringt,
ist niemals verlorene Zeit.«

SIGMUND FREUD

Willow ist keine große Wanderkatze. Ich beschreibe sie zwar gerne als Abenteuerkatze, aber Schlummerkatze trifft es eigentlich viel besser.

Bevor die Tage wieder wärmer wurden, fuhren wir zurück in Richtung Süden nach New South Wales. Eines Abends parkten wir in Brunswick Heads im nördlichen Teil des Bundesstaates und gingen auf einem Pfad hinter den Dünen spazieren. Willow war mir ein ganzes Stück voraus. Ich leuchtete mit meiner Taschenlampe in ihre Richtung und erschrak, als ich plötzlich einen zwei Meter langen Diamantpython vor mir liegen sah. Wie Willow an ihm vorbeigekommen war, ohne bemerkt zu werden, war mir ein Rätsel. Jedenfalls stand ich jetzt auf der einen Seite der Schlange und Willow auf der anderen. Ich fragte mich, ob Pythons Katzen fressen.

Willow starrte mich an.

Der Python war ein wunderschönes Geschöpf. Er hatte einen olivfarbenen Körper, der mit dunkleren diamantförmigen Flecken bedeckt war.

Obwohl Diamantpythons nicht giftig sind, entschied ich mich, einen weiten Bogen um ihn zu machen. Ich kämpfte mich durch das Gestrüpp bis auf die andere Seite durch und schnappte mir meine Katze. Nachdem wir es den langen Pfad zurückgeschafft hatten, fand ich, dass wir für heute genug Abenteuer erlebt hatten, und wir gingen schlafen.

Im April 2016 fuhren wir durch Central Queensland wieder in Richtung Norden. Der Sommer war vorbei, und ich dachte, es dürfte jetzt auch für unser tasmanisches Blut wieder kühl genug sein. Außerdem hatten wir ja unsere Klimaanlage. Mein System war einfach: im Winter nach Norden, im Sommer nach Süden.

Aber mit einem Van ist man sowieso flexibel. Wenn es heiß ist, parkt man eben im Schatten. Wenn es kalt ist, richtet man die Frontscheibe nach Norden. Und wenn man seine Nachbarn nicht mag, fährt man einfach weiter.

Zum Schutz vor der brennenden Outbacksonne hatte ich den Van isoliert, also waren die Temperaturen auszuhalten.

Am wichtigsten war es, dass sich Willow wohl fühlte. Wenn das Wetter zu extrem geworden wäre, hätte ich sie zeitweise in einer Katzenpension oder bei einem Tierarzt unterbringen müssen. Aber glücklicherweise kam es nie so weit.

Auf unserem ersten Streifzug in Richtung Norden waren wir die Küstenstraße entlanggefahren. Also nahmen wir dieses Mal die Straßen im Landesinneren. Als wir im Mai 2016 durch Emerald und Longreach fuhren, dämmerte mir, wie weit wir von unserem Zuhause entfernt waren. Die Savanne zog sich bis zum Horizont. Die Highways verliefen tagelang nur geradeaus. Es war alles so anders als die Wälder, Täler und Serpentinen, die ich aus meiner Kindheit kannte.

Eine geeignete Übernachtungsmöglichkeit im Outback von Queensland zu finden, erforderte eine Mischung aus Campingführern, Satellitenbildern und purer Entschlossenheit. Oft kamen wir an Campingplätzen an, nur um festzustellen, dass sie nicht für Katzen geeignet waren.

Keine Haustiere erlaubt.

Zu nah an der Straße.

Wir hatten keine andere Wahl, als weiterzufahren.

Sobald wir eine geeignete Stelle für die Nacht gefunden hatten, hüpfte Willow aus dem Van, um unser neues Lager zu erkunden und einen geeigneten Platz für ihr nächstes Nickerchen zu finden. Willow fühlte sich überall sofort wie zu Hause.

Während ich unser Abendessen kochte, sah ich ihr beim Spielen zu. Dann stellte ich uns zwei Stühle hin. Willow schnappte sich immer den guten.

4 46 46
TRANSPORTER

Nachdem wir den Mount Isa im Nordwesten von Queensland besucht hatten, entschied ich mich spontan, weiter gen Norden nach Burketown zu fahren. Es war Ende Mai, und die Trockenzeit hatte begonnen. Von unserem Ziel trennten uns noch gut 300 Kilometer Gerüttel über Kiesstraßen.

Die Straße war von der letzten Regenzeit übersät mit Furchen und tiefen Rillen. Nachdem uns unzählige Schlaglöcher gut durchgeschüttelt hatten, machten wir Halt in der Gemeinde Burketown. Bis zum Golf von Carpentaria hatten wir immer noch 20 Kilometer durch krokodilverseuchte Mangrovensümpfe vor uns.

In diesem Moment wurde mir klar, dass ich den Golf unbedingt sehen wollte – auch wenn mir der Gedanke zuvor noch nie in den Sinn gekommen war. Der Golf stand jedenfalls nicht auf meiner »Bucket-Liste«. Wohl hauptsächlich deswegen, weil ich nichts von solchen Listen halte. Ich finde sie irgendwie morbide. Was soll man denn machen, wenn man alles abgehakt hat? Tot umfallen?

Und was, wenn man nicht alles geschafft hat? Heißt das dann etwa, dass man ein unerfülltes Leben geführt hat?

Ich erkundigte mich bei einer Anwohnerin nach den Straßenverhältnissen.

Sie überlegte eine Weile.

Die Straße nach Westen über Borroloola sei schon okay, sagte sie, aber sie sei größtenteils ungeteert und auf dem letzten Stück gäbe es einige problematische Stellen. Sie erwähnte mehrmals das Wort »provisorisch«.

Eines habe ich über Straßen gelernt. Je weiter eine Straße von der Person entfernt ist, die man nach ihr befragt, desto gefährlicher ist sie angeblich. Vielleicht hat das etwas mit unserer Angst vor dem Unbekannten zu tun.

Also dachte ich, die Straße wird schon nicht so wild sein, und wir fuhren los in Richtung Westen.

Wie sich herausstellte, war die Straße zwar nicht die unwegsamste, auf der wir je gefahren sind. Aber sie war bei Weitem die unbarmherzigste. Die Furchen in der Straße schüttelten den Van komplett durch. Ausgetrocknete Bachläufe ließen uns immer wieder ohne Vorwarnung nach unten krachen. Und manchmal waren die Bachläufe auch alles andere als ausgetrocknet.

Die Schlaglöcher waren so zahlreich wie trügerisch.

Anfangs kam mir die Geschwindigkeitsbegrenzung von 110 Stundenkilometern noch verrückt vor, aber wenn man sich erst einmal an das Gerüttel gewöhnt hatte, war es gar nicht so schlimm.

Willow hatte während der gesamten Fahrt keinen Mucks gemacht. Und am Abend sah sie immer noch aus wie eine kleine Prinzessin. Ich dagegen war von Kopf bis Fuß mit Staub bedeckt.

Doomadgee
Hells Gate
26 Burketown
Gregory 94

Wenn man ungefähr ein Drittel der Straße nach Borroloola zurückgelegt hat, kommt man an der Raststätte Hell's Gate Roadhouse vorbei. Der Name scheint mir ziemlich treffend. Als wir uns näherten, waren die Straßenränder geradezu vollgepflastert mit alten Autokarosserien, und vor der Raststätte stand ein ausgebrannter Sattelzug mit zerfetzten Reifen. Man erzählte mir, dass es vor einer Woche einen Unfall gegeben hatte. Der Truck war etwa zehn Minuten von der Raststätte entfernt, als plötzlich die Bremse klemmte und das Fahrzeug in Brand geriet. Der in Panik geratene Fahrer koppelte den Trailer ab, um die Last zu reduzieren, und bretterte weiter auf die Raststätte zu, um wenigstens zu vermeiden, dass er mitten im Outback liegenbleiben würde. Irgendwie hatte er es dabei auch noch geschafft, sich beide Knöchel zu brechen. Das muss ein Wahnsinnsanblick gewesen sein, als der in Flammen stehende Truck mit quietschenden Reifen hier angerast kam.

Willow und ich hatten es mit holprigen Straßen zu tun. Vor diesem Abenteuer konnte ich noch nicht einmal einen Reifen wechseln. In unserem ersten Jahr sind uns vier geplatzt. Nicht dass sich Willow je daran gestört hätte. Sie schlief einfach hinten im Van weiter.

Hunderte Kilometer und unzählige Schlaglöcher später erreichten wir dann endlich Borroloola. Dann fuhren wir weiter nach Norden. In der ersten Juliwoche kamen wir schließlich an der Hafenanlage von Bing Bong an, die sich als wenig mehr als eine Verladeanlage und ein paar Häuser entpuppte. Ich stieg aus dem Van und sah mir das endlose Blau des Himmels und des Ozeans an. Wir waren am Golf angekommen.

Ich kletterte wieder in den Van, und wir fuhren weiter.

Drei Tage später erreichten wir Western Australia und fuhren weiter in Richtung Port Hedland an der Nordküste des Staates. Wir waren jetzt im tiefsten Pilbara, einer Region, in der die Landschaft so flach ist, dass man schon fast Platzangst bekommen könnte.

Mitte Juli kampierten wir am Split Rock, östlich von Port Hedland, nicht weit weg vom Highway. Es schien mir ein sicherer Ort, um eine Nacht lang Halt zu machen. Oder auch drei.

Am Split Rock gibt es drei Monolithen. Als ich Willow aus dem Van ließ, wollte sie sofort einen davon erklimmen. Ich war ihr knapp auf den Fersen. Willow glitt mühelos über die Steinblöcke, während ich versuchte, nicht zu stolpern. Es war ein herzerwärmender Anblick: keine Leine, kein Geschirr. Willow tat, was sie am besten konnte.

Oben angekommen sahen wir der Sonne zu, wie sie hinter dem Horizont verschwand. Als wir auf die australische Savanne blickten, fühlten wir uns, als würden wir weit über der Erde schweben.

In der Entfernung zogen die Lastzüge vorbei. Und unsere Sorgen flogen ihnen hinterher. Nicht dass wir noch besonders viele hatten.

Etwa eine Tagesfahrt von Port Hedland entfernt liegt Exmouth. Wir brauchten eine Woche. Unsere Ankunft in Exmouth war ein bedeutsames Ereignis, denn wir waren jetzt ein Jahr und drei Monate lang unterwegs. An der Luftlinie gemessen waren wir nun am weitesten Punkt von unserem Heimatort Hobart entfernt.

Ich war mir nicht sicher, wie wir diesen Meilenstein feiern sollten. War es überhaupt ein Anlass zum Feiern?

Wir parkten auf der Landzunge. Während Willow ihr morgendliches Nickerchen fortsetzte, ging ich an den Dünen entlang spazieren. Dann hörte ich jemanden rufen.

Ich sah mich um. Der Strand war menschenleer.

Wieder hörte ich Rufe: »Willst du ein Bier?« Ich sah mich um. Niemand.

»WILLST DU EIN BIER?!«

Jetzt begriff ich endlich, dass die Stimme von einem Schlauchboot im Meer kam, 30 Meter vom Strand entfernt.

Folgendes hatte ich gelernt: Wenn man die Großzügigkeit eines Menschen ablehnt, verwehrt man ihm ein Stückchen Freude. Und dies war keine Ausnahme.

»Ja!«, rief ich. »Ja! Ich hätte gerne ein Bier!«

Die zwei Leute im Schlauchboot rasten aufs Ufer zu. Ich watete ins Wasser, bis meine Shorts klatschnass waren. Mitten im Schlauchboot stand eine Kühlbox. Wir tranken ein paar Flaschen Bier und teilten ein paar Geschichten miteinander, dann brachten sie mich zurück zum Strand. Ich sah ihnen zu, wie sie wieder davonbrausten.

»Katzen sind Kenner des Komforts.«

JAMES HERRIOT

Es war nicht einfach, geeignete Campingplätze in Western Australia zu finden. Etwa ein Drittel des Staates ist Weideland, das an Highways angrenzt. Da bleibt nur wenig freies Land zum Erkunden übrig. Und auch die Southern Forests sind für Tierbesitzer ungeeignet. Zur Bekämpfung von verwilderten Tieren werden dort Giftköder mit Natriumfluoracetat ausgelegt. Kein Lebewesen verdient es, einen solch qualvollen Tod zu sterben.

Viele Besitzer von Viehstationen lassen Reisende gegen eine Gebühr auf ihren Pachtgrundstücken campen. Manche haben sogar ganze Campinganlagen und Wohnmobilparks angelegt. Also fuhren wir von Exmouth aus weiter zur Gnaraloo Station, einer großen Farm nahe dem südlichen Ende des Ningaloo-Riffs. Ningaloo ist ein atemberaubender Ort. Rote Erde auf der einen Seite, ein Korallenriff auf der anderen, und es gibt auch ziemlich gute Shorebreaks zum Surfen. Kein Wunder, dass es jedes Jahr Tausende von Touristen hierherzieht.

Willow und ich blieben für ein paar Tage dort, aber dann mussten wir weiterziehen. Ich mag einfach keine Menschenmengen. Es mag egoistisch klingen, aber ich brauche diese Ungestörtheit. Willow sieht das genauso. Wir genießen die Stille weit weg vom Verkehrslärm. Weit weg von allem.

Einsam fühle ich mich nur selten, denn mit einer Katze ist man nie allein. Doch manchmal hat auch die Freude am Alleinsein ihre Grenzen.

Willow

Im September kamen wir in Perth an. Dort konnten wir mitten in der Stadt bei Freunden übernachten. Eigentlich wollten wir nur eine Woche bleiben. Aber aus der einen Woche wurde der ganze Sommer. Meine Freunde beschafften mir einen Job in einer Bar, und Willow übte sich als Stadtkatze. Ich bin jedes Mal aufs Neue überrascht, wie schnell sie sich ihren Umständen anpassen kann.

Auch in der Stadt schliefen Willow und ich in unserem Van. Und egal, ob wir in einem Haus oder im Van wohnten, wenn es Zeit fürs Abendessen war, wusste Willow immer genau, wo sie mich findet.

Das Stadtleben fühlte sich extravagant an. Restaurants, warmes Wasser … ich kam mir verwöhnt vor. Ich verdiente zwar Geld, aber ich gab es auch genauso schnell wieder aus. Wir hatten einen großartigen Sommer, aber im Januar 2017 war es an der Zeit weiterzuziehen.

Von Perth aus wollten wir über Esperance nach Osten fahren. Doch Anfang Februar waren die Überschwemmungen in Western Australia so heftig wie seit Jahren nicht mehr. Und als wir in Jerramungup an der Südküste des Staates ankamen, war die Straße ostwärts nach Ravensthorpe gesperrt. Die Brücke, die über den Phillips River führte, war komplett weggeschwemmt worden, und Ravensthorpe war vom Rest der Welt abgeschnitten.

Wir warteten drei Tage. Aber als es dann noch immer keine Hoffnung auf sinkende Hochwasserpegel oder alternative Straßen gab, entschied ich mich, einen 1200 Kilometer langen Umweg in Richtung Norden nach Kalgoorlie zu machen.

Wenn man ohnehin nicht weiß, wohin man fährt, sind solche Planänderungen keine große Sache.

Welcome to
South Australia
N
South Australia

In den letzten Februartagen im Jahr 2017 durchquerten wir die Nullarbor-Ebene und erreichten South Australia. Willow hatte jetzt alle Bundesstaaten und Territorien Australiens gesehen. Ich gratulierte ihr zur ihrer »Purrfect Eight«. Sechs Bundesstaaten und zwei Territorien sind schließlich kein Katzensprung.

Am Anfang habe ich noch die Tage gezählt, seit wir von zu Hause losgefahren sind. Dann wurden die Tage zu Monaten und die Monate zu Jahren.

Soll ich die Orte zählen, an denen wir waren?

Oder die Kilometer, die der Tacho anzeigte?

Das sind alles nur Zahlen, die nichts bedeuten.

Ich werde oft gefragt, wohin wir fahren. Und mir fällt darauf nie eine gute Antwort ein. Früher wachte ich morgens auf und fragte mich, was unser nächstes Ziel sein sollte. Jetzt weiß ich, dass wir schon angekommen waren. Der Drang, immer weiterzuziehen, ist jetzt vorbei. Wir haben uns an unser neues Leben gewöhnt. Egal, wo wir sind.

Wir waren keine Reisenden mehr. Wir waren Nomaden.

Wenn es ein Buch mit dem Titel *Der ultimative australische Roadtrip für Katzen* gäbe, dann stünde Port Lincoln in South Australia im ersten Kapitel. Dort befindet sich nämlich die Statue des Kartographen und Navigators Matthew Flinders und seiner getreuen Katze Trim. Trim kam auf hoher See zur Welt und blieb ihr Leben lang eine Schiffskatze. Als Flinders von 1801 bis 1803 Australien umsegelte, war sie an seiner Seite und hatte sogar einen Schiffbruch überlebt.

Im März 2017 kamen wir in Port Lincoln an. Es war ein stolzer Moment, als wir die Statue besuchten und der Katze, die als erste Australien umsegelt hatte, unseren Respekt erwiesen.

Willow scheint also nicht die einzige reisefreudige Katze Australiens zu sein.

RHINO-RAC

Auf unserem Weg trafen wir auf so manch andere Reisekatze. Viele Leute tun genau das, was wir tun. Aber es gibt auch Leute, denen das Konzept von reisenden Katzen neu ist.

Einmal kam ein Backpacker auf mich zu und sagte: »Entschuldige, aber da ist eine schwarze Katze, die in deinen Van klettern will!«

»Ich weiß.«

Andere fragen mich, wieso Willow nicht wegläuft. Was für eine komische Frage. Warum sollte sie denn vor mir weglaufen wollen? Ich bin doch kein übler Kerl!

Wenn eine Katze Angst hat, läuft sie natürlich weg und versteckt sich. Läuft man ihr nach, rennt sie einfach weiter. Wenn eine Katze sich sicher fühlt, kommt sie zurück. Willow weiß, dass sie bei mir und im Van in Sicherheit ist. Deswegen kommt sie immer wieder zurück. Ich weiß, dass ich ein Risiko eingehe, wenn ich sie frei laufen lasse. Aber ich glaube, es ist ein vertretbares Risiko.

In den malerischen Mangrovenwäldern in der Nähe von Port Germein in Südaustralien gibt es viel zu entdecken. Und keine Krokodile. Man kann dort wunderbar den Gezeitenwechsel beobachten, wenn sich das Wasser langsam über die Wurzeln der Mangrovenbäume ausbreitet. Bei Ebbe kann man fast einen ganzen Kilometer weit durch den Sumpf waten. Aus der Entfernung sah ich meinen Van. In diesem kleinen weißen Punkt, diesem winzigen Haus auf vier Rädern, steckte mein gesamtes Leben.

Aber in den Mangrovenwäldern schienen wir auch oft Pech zu haben. Eines Abends, als wir dort kampierten, ließ ich Willow einen Spaziergang machen. Ich war immer nur knapp hinter ihr, und der Halbmond leuchtete hell genug, damit ich die Bachläufe um mich herum sehen konnte.

Dann verlor ich Willow plötzlich aus den Augen.

Ich ging weiter. Noch immer keine Spur von Willow. Ich leuchtete mit meiner Taschenlampe über den Sumpf. Dann hörte ich ein klägliches Miauen. Wo war sie hingelaufen? Ich machte ihren Tracker an.

Endlich sah ich sie. Sie stand auf der anderen Seite eines kleinen Bachlaufes hinter dichten Mangrovenbäumen. Ich hatte keine Ahnung, wie sie dorthin gekommen war. Sie miaute lauter, und mein Katzenbesitzerinstinkt setzte ein. Ich sprintete durch den Bachlauf und versank mit jedem Schritt tiefer im Schlamm. Die Mangrovenäste zerkratzen mir den Rücken. Als ich es endlich zu Willow geschafft hatte, sah sie mich an, als wäre nichts gewesen.

Zusammen machten wir uns auf den langen Heimweg. Ich ging voran, klatschnass und von Kopf bis Fuß mit Schlamm bedeckt, und dicht hinter mir folgte Willow, blitzblank und staubtrocken.

Ein anderes Mal, ein paar Monate später, hatten wir im Mangrovenwald in der Nähe von Port Pirie geparkt. Wir waren relativ nah an der Stadt geblieben, damit wir am nächsten Morgen auf den Bauernmarkt gehen konnten. An diesem Ort hatten wir schon viele Male zuvor übernachtet. Nach dem Abendessen wollte ich mit Willow spazieren gehen. Ich öffnete die Schiebetür, aber Willow weigerte sich auszusteigen. Als ich meine Taschenlampe anknipste, merkte ich, dass unser Van im Wasser stand.

Ich Idiot hatte nicht an die Gezeiten gedacht.

Schon wieder.

Eine Woche zuvor hatte ich einen ähnlichen Fehler gemacht. Willow war aus dem Van gesprungen, und ich hörte ein Platschen. Ich war verwirrt. Willow, bis zum Bauch im Wasser, sah zu mir hoch. Dann lief (oder schwamm) sie zur anderen Seite des Vans. Ich stieg aus, hob sie auf und wickelte sie schnell in ein Handtuch, bevor sie auf unser sauberes Bett springen konnte.

Dieses Mal war es schlimmer. Die Straße schien gute 30 Zentimeter unter Wasser zu liegen. Unser Van war auf einer kleinen Anhöhe geparkt, also hatte ich nur eine beschränkte Auswahl an Möglichkeiten. Wir konnten entweder dort übernachten und auf die Ebbe warten, oder versuchen, uns aus dem Staub zu machen. Ich entschied mich für Letzteres.

Ich lenkte den Van langsam auf die Straße. Vom trockenen Ufer trennten uns etwa 400 Meter wadentiefes Wasser und ein tiefer Bach zu unserer Rechten. Ich bereute meine Entscheidung sofort und versuchte wieder zurückzufahren. Die Räder drehten durch. Okay, also doch lieber vorwärts.

Ich sprang aus dem Van und versuchte, den Schlamm unter den Reifen mit den Füßen wegzuschieben. In klatschnassen Schuhen schaltete ich den Van in den ersten Gang und fuhr weiter die Straße entlang. Der Van schob sich in Schlingerbewegungen durch das Wasser. Als die Reifen in die Spurrillen der Straße rutschten, fühlte ich mich wie in einer Wildwasserbahn eines Erlebnisparks.

Zu guter Letzt schafften wir es zum trockenen Ufer. An einem höher gelegenen Ort schlugen wir dann endlich unser nächtliches Lager auf.

»Gut, dass du immer so großen Wert darauf legst, trocken zu bleiben, mein schlaues Kätzchen«, sagte ich erleichtert zu Willow.

»Jetzt haben wir uns die Würstchen und Sahnetörtchen vom Bauernmarkt aber wirklich verdient.«

Eines habe ich gelernt. Das Wetter kann schnell umschlagen. Stürme können in kürzester Zeit einziehen und die Straßen überfluten. Und wenn der einzige Schutz ein Campervan ist, dann ist man dem Wetter völlig ausgeliefert.

Und noch etwas habe ich gelernt: Man sollte niemals die Gezeiten unterschätzen.

Glück ist vergänglich. Sobald man das Gefühl hat, es endlich in den Händen zu halten, rutscht es einem schon wieder durch die Finger. Lebenskosten und Mieten steigen an. Es wird immer schwerer, ein Eigenheim zu kaufen und sein Glück in einem Leben zu finden, das von Konsum beherrscht wird.

Es ist kein Wunder, dass viele Menschen, die jeden Monat nur auf Biegen und Brechen über die Runden kommen, ein Leben auf der Straße bevorzugen. Es ist ein ungebundenes Leben nach ihren eigenen Regeln. Andere wiederum sind auf der Suche nach einem glücklicheren und bedeutungsvolleren Leben.

Auf unseren Reisen sind wir vielen Leuten begegnet, die einen ähnlichen Weg gewählt haben wie wir. Solchen, die sich für ein einfacheres Leben entschieden haben oder sich selbst finden möchten. Andere suchen etwas, das sie einst verloren haben. Wieder andere suchen nach einem Sinn.

Ich habe noch keinen Grund gefunden und ich glaube, das werde ich auch nie. Ich habe mich mit der Absurdität des Lebens, dem ewigen Konflikt zwischen unserem Bestreben, den Sinn des Lebens zu suchen, und unserer Unfähigkeit, ihn je zu finden, abgefunden.

Aber wenn ich auf das Leben zurückblicke, das wir hatten, bevor wir Tasmanien verlassen haben, wird mir eines klar: Was ich für eine Midlife-Crisis hielt, war in Wirklichkeit eine Chance. Eine Chance, mich von all dem zu befreien, was mich zurückhielt. Eine Chance, jeden Morgen aufzuwachen und dankbar zu sein für das, was ich habe. Das ist etwas, das ich gelernt habe. Und ich verdanke alles meiner kleinen schwarzen Abenteuerkatze Willow, die mir geholfen hat, mein Leben zu verstehen.

Um Abenteuer zu erleben, muss man kein Draufgänger sein. Manchmal glaube ich sogar, dass Willow und ich den Begriff »Abenteuer« neu definiert haben. Für Willow ist es ein Abenteuer, an neuen und ungewöhnlichen Orten ein Mittagsschläfchen zu machen. Und ich möchte sie bei ihrem Unterfangen, so gut ich kann, unterstützen. Wir müssen nicht den Mount Everest erklimmen. Wir können einfach an einen Ort fahren, an dem wir noch nie zuvor waren.

Für uns sind zehn Tage am selben Ort optimal. Danach geht uns meistens der Proviant aus – und auch die saubere Wäsche. Wenn Frischwaren und Fleisch knapp werden, werden meine Kochkünste kreativer. Ich mache viel selbst: Fladenbrot, Joghurt, Sprossen, Essiggurken.

Manchmal geben uns die Angler am Ort ein paar Fische aus ihrem Fang ab. Vielleicht ahnen sie, dass ich das eine Ende der Angelrute nicht vom anderen unterscheiden kann. Natürlich sorge ich auch immer dafür, dass Willow ihre Snacks bekommt. Mal kriegt sie ein kleines Stück Käse, mal ein bisschen Fleisch. Und nichts bereitet mir mehr Freude als das Geräusch einer Katze, die an einem Kartoffelchip knabbert. Aber Chips sind natürlich nur in Maßen erlaubt.

Wir fahren zusammen in die nächste Stadt, wo ich Proviant kaufe, unseren Van volltanke und in den Waschsalon gehe. Willow schläft währenddessen im Van. Sie wacht nur kurz auf, um meine Einkäufe zu begutachten. Dann fahren wir entweder weiter oder kehren an dieselbe Stelle zurück. Manche Orte können wir nicht besuchen wie Nationalparks und Naturschutzgebiete. Doch ich habe nie das Gefühl, etwas zu verpassen. Wir haben Teile von Australien gesehen, von denen ich nicht wusste, dass sie überhaupt existierten.

Wir haben an Seen und Bergen übernachtet, in Wäldern und Wüsten, neben Kraftwerken und verlassenen Gebäuden, an Stränden, die mit jedem Fünf-Sterne-Hotel mithalten könnten.

Früher war meine Lebenseinstellung zynisch. Ich fühlte mich einsam inmitten von Menschen. Wie abgekoppelt. Jetzt fühle ich mich als Teil der Welt. Wenn jemand vorbeigeht, winke ich. Manchmal fange ich dann ein Gespräch an, und oft teilen wir ein kleines Stück unseres Lebens miteinander.

Manchmal muss man sich einfach selbst vertrauen und seiner Intuition folgen.

Manchmal muss man einfach etwas tun, das vielleicht ein bisschen verrückt ist.

Das, was ich dachte, zum Glücklichsein zu brauchen, war nicht das, was ich wirklich brauchte. Für mich ist der australische Traum vom Eigenheim nicht tot. Ich musste ihm nur vier Reifen anschrauben.

»Ich habe die Philosophen und die Katzen studiert,
doch die Weisheit der Katzen
ist letztlich weitaus größer.«

HIPPOLYTE TAINE

Marco Polo

Im November 2017 fuhren Willow und ich von Südaustralien nach Victoria, wo wir die Great Ocean Road entlangbrausten. Als wir in Melbourne ankamen, war unsere Umrundung Australiens komplett. Wir hatten 900 Tage gebraucht. Fast drei Jahre. Wir stiegen an Bord der Fähre nach Tasmanien und fuhren direkt an die Ostküste.

Wir campten an einem Strand, den wir vor drei Jahren zusammen besucht hatten. Ich machte ein Foto von Willow auf den Granitfelsen mit dem Meer im Hintergrund. Als Kind hatte ich meine Sommer hier verbracht und im türkisen Wasser geplanscht. Unser Zuhause mag zwar immer dort sein, wo wir gerade unseren Van parken, aber manche Orte fühlen sich einfach mehr wie ein Zuhause an als andere. Und dieser Strand gehört dazu.

TRANSPORTER

Das ist noch nicht das Ende unserer Geschichte. Willow und ich reisen noch immer. Auch wenn eine Etappe vorbei ist, gehen unsere Abenteuer weiter. Das ist jetzt unser Leben.

Ich kann mir nicht vorstellen, wie mein Abenteuer ohne Willow verlaufen wäre. Aber ich habe so ein Gefühl, dass ich es ohne sie nie so weit geschafft hätte.

Marco Polo

Dankeschön!

Mum und Dad, dafür, dass ihr immer nur einen Anruf entfernt wart, und für die Schokokekse, die ihr mir ins Outback geschickt habt.

Steph, für deine Liebe, auch wenn ein Ozean zwischen uns liegt.

Jai, meinem Freund, Mentor und Held.

Katie, weil du mir gezeigt hast, dass aus einer Idee ein Buch werden kann.

Barbara, Jude und dem Rest des Teams von HarperCollins, dafür, dass ihr diese Idee zur Realität gemacht habt.

Willows Freunden auf der ganzen Welt, die jeden Tag nach uns sehen und uns unterstützende Nachrichten senden.

Und natürlich Willow – mein Licht, mein Schatten.

Um Willows Abenteuern auch weiterhin zu folgen, besuchen Sie www.vancatmeow.com, Instagram oder Facebook: @vancatmeow.

Die englische Originalausgabe erschien 2019
unter dem Titel *VanCatMeow.*
A Lost Man, A Rescue Cat, A Road Trip like No Other
bei HarperCollins Publishers Australia Pty Limited,
Sydney, Australien.

Dieses Buch ist auch als E-Book erhältlich.

MIX
Paper from
responsible sources
FSC® C084279
www.fsc.org

Verlagsgruppe Random House FSC® N001967

1. Auflage
Deutsche Erstausgabe Juni 2020

Published by arrangement
with HarperCollins Publishers Australia Pty Limited
Umschlaggestaltung: UNO Werbeagentur, München,
unter Verwendung eines Fotos von © Richard East
Fotos Innenteil: © Richard East
Layout: Jane Waterhouse
Lektorat: Marion Preuß
MP • Herstellung: kw
Satz: Uhl + Massopust, Aalen
Druck und Einband: Print Consult GmbH, München
Printed in Slovakia
ISBN 978-3-442-14253-8
www.goldmann-verlag.de

Besuchen Sie den Goldmann Verlag im Netz